Matias Fiedler

Islege görä gozgalmaýan emläkleri tapmagyň innowasion görnüşi: Gozgalmaýan emläkleriň dellalçylygy aňsatlaşdyryldy

Islege görä gozgalmaýan emläkleri tapmak: Islege görä gozgalmaýan emläkleri tapyjy innowasion portalynyň kömegi bilen gozgalmaýan emläkleriň dellalçylygy netijeli, aňsat hem-de professional ýagdaýa geldi

Çapa degişli maglumatlar - Resmi rekwizitler |Resmi habar beriş

1. Çap edilen kitap görnüşindäki redaksiýa|Februar 2017
(Asyl nusgasy Germaniýada çap edildi, Dekabr 2016)

© 2016 Matthias Fiedler

Matias Fiedler
Erika-von-Brockdorff-Str. 19
41352 Korschenbroich
Germaniýa
www.matthiasfiedler.net

Çap etmek we öndürmek:
Soňky sahypadaky möhürçä seret

Bezeg: Matias Fiedler
E-Kitaby taýýarlan: Matias Fiedler

Kitabyň Halkara Standart Belgisi-13 Ýumşak daşly kitap):
978-3-947184-88-0
Kitabyň Halkara Standart Belgisi-13 (E-Kitap mobi):
978-3-947184-18-7
Kitabyň Halkara Standart Belgisi-13 (E-Kitap epub)
978-3-947184-19-4

Deutsche Nationalbibliothekiň bibliografik maglumaty:
Deutsche Nationalbibliothek çap edilen bu işi Deutsche Nationalbibliografiede hasaba alýar; giňişleýin bibliografik maglumaty http://dnb.d-nb.de internet sahypasyndan görüp bilersiňiz.

JEMLEME

Bu kitap gozgalmaýan emläkleri hasaplamagy (Trillion dollarlyk satuw mümkinçiligi) hem öz içine alýan, gozgalmaýan emläk agentliginiň programmasy bilen integrirlenen bütin dünýä boýunça uly göwrümli satuwlary (Milýard dollar) hasaplamaga ukyply islege görä gozgalmaýan emläkleri tapyjy portalyň (programma) rewolýusion konsepsiýasyny düşündirýär.

Bu diýmek, eýesi tarapyndan ýaşamak üçin ulanylmaga ýa-da kärendä degişli ýaşaýyş hem-de täjirçilik gozgalmaýan emläkleriň netijeli we gysga wagtyň içinde satylmagynda dellalçylyk araçylyk edip boljakdygyny aňladýar. Bu ähli gozgalmaýan emläkleri satyjylar we emlägiň eýeleri üçin innowatiw hem-de professional gozgalmaýan emläkleriň dellalçylygynyň geljegidir. Islege görä gozgalmaýan emläkleri tapyjy ulgam ähli ýurtlarda, hat-da ýurtlaryň arasynda hem hereket edýär.

Satyn ýa-da kärendesine alyja aýratynlyklary hödürlemegiň ýerine, islege görä gozgalmaýan emläkleri tapyjy portalyň kömegi bilen, potensial satyn ýa-da kärendesine alyjylar derejelendirilip (gözleg profili), gozgalmaýan emläkleri satyjy agentler tarapyndan hödürlenýän aýratynlyklar bilen deňeşdirilip birikdirilýär.

MAZMUNY

GIRIŞ

Mende gozgalmaýan emläk tapmagyň innowatiw prosesini döretmek pikiri 2011-nji ýylda döredi.

Men 1998-nji ýyldan bäri gozgalmaýan emläkleriň söwdasy (gozgalmaýan emläkleriň dellalçylygy, olary satyn almak, satmak, baha kesmek, kärendesine bermek, ýer böleklerini özleşdirmek) bilen meşgullanyp gelýärin. Men rieltor (IHK), gozgalmaýan emläk boýunça eykdysatçy (ykdysadyýetçi) (ADI) we gozgalmaýan emläklere baha kesmek boýunça ygtyýarly hünärmen (DEKRA) hem-de halkara derejede ykrar edilen Diplomly baha kesijileriň Şa institutynyň gozgalmaýan emläk assosiasiýasynyň (MRICS) agzasy.

Matias Fiedler
Korşenbroiç, 31/10/2016
www.matthiasfiedler.net

7

1 Islege görä gozgalmaýan emläkleri tapmagyň innowasion görnüşi: Gozgalmaýan emläkleriň dellalçylygy aňsatlaşdyryldy

Islege görä gozgalmaýan emläkleri tapmak: Islege görä gozgalmaýan emläkleri tapyjy innowasion portalynyň kömegi bilen gozgalmaýan emläkleriň dellalçylygy netijeli, aňsat hem-de professional ýagdaýa geldi

Satyn ýa-da kärendesine alyja aýratynlyklary hödürlemegiň ýerine, islege görä gozgalmaýan emläkleri tapyjy portalyň kömegi bilen, potensial satyn ýa-da kärendesine alyjylar derejelendirilip (gözleg profili), gozgalmaýan emläkleri satyjy agentler tarapyndan hödürlenýän aýratynlyklar bilen deňeşdirilip birikdirilýär.

2 Potensial satyn ýa-da kärendesine alyjylaryň we emläk satyjylaryň maksatlary

Gozgalmaýan emläk satyjylar we ýer eýeleri üçin emlägi tiz hem-de boldugyndan gymmat bahadan satmak ýa-da kärendesine bermek möhümdir. Potensial satyn alyjylara we kärendesine alyjylara öz göwünlerinden turýan emlägi tapmak we ony boldugyça tiz we aňsat usulda kärendesine almak ýa-da satyn almak möhümdir.

3 Gozgalmaýan emläkleri gözlemegiň öňki görnüşleri (çemeleşmeleri)

Umuman, potensial satyn alyjylar ýa-da kärendesine alyjylar özlerine gerekli ýerde ýerleşýän emläkleriň aýratynlyklaryny görmek üçin uly göwrümli gozgalmaýan emläk portallaryny ulanýarlar. Ol ýerde, olar gysgaça gözleg profilini döredenlerinden soňra emläkleriň aýratynlyklaryny görüp ýa-da özlerine elektron poçta arkaly ugradylan emläkleriň aýratynlyklarynyň degişli sanawlarynyň ssylkalaryny alyp bilýärler. Bu köplenç 2 ýa-da 3 sany gozgalmaýan emläk portalynda amala aşyrylýar. Ondan soňra, satyjy bilen (köplenç) elektron poçta arkaly habarlaşylýar. Netije-de, satyjy ýa-da ýer eýesi üçin isleg bildirýän tarap bilen habarlaşmaga mümkinçilik döreýär we rugsat berilýär.

Mundan başga-da, potensial satyn alyjylar ýa-da kärendesine alyjylar öz raýonlaryndaky (sebitlerindäki) hususy gozgalmaýan emläk satyjy agentler bilen habarlaşýarlar we gözleg profili hem şolar üçin döredilýär.

Gozgalmaýan emläk portallaryndaky üpjün edijiler hem hususy hem-de täjirçilik gozgalmaýan emläk pudagyndan bolýar.

Täjirçilik pudagynyň üpjün edijileri esasan gozgalmaýan emläk satyjy agentler ýa-da kä halatlarda gurluşyk kompaniýalary, gozgalmaýan emlägiň satuwy boýunça araçylar (dellalçylar) we beýleki gozgalmaýan emläk kompaniýalarydyr (bu tekstde, täjirçiligiň pudagynyň üpjün edijilerine gozgalmaýan emläk satyjy agentler hökmünde garalýar).

4 Hususy üpjün edijileriň kemçilikleri / Gozgalmaýan emläk satyjy agentleriň artykmaçlyklary

Satuwa degişli gozgalmaýan emläkleriň aýratynlyklary bilen hususy satyjylar hemişe satuwy tiz amala aşyrmaga ukyply däldirler. (aşyrmaklyga kepil geçip bilmeýärler). Emläk miras alnan ýagdaýynda, meselem, mirasdüşerleriň arasynda ylalaşmazlyk bolup biler ýa-da mirasdüşerlik şahadatnamasy ýitip biler. Mundan başga-da, ýaşamaga bolan hukuk ýaly çylşyrymly (nätakyk) kanuny meseleler satuwy kynlaşdyryp (çylşyrymldyryp) biler.

Kärendesine berilmäge degişli emläkler babatynda, hususy ýer eýeleri resmi rugsatnamalary almadyk bolup bilerler, meselem, täjirçilik ýer bölegini ýaşaýyş jaýy hökmünde kärendesine bermek üçin talap edilýän rugsatnamalar.

Gozgalmaýan emlägi satyjy agent üpjün ediji hökmünde hereket eden wagtynda (halatynda), ýokarda agzalan meleleri (köplenç) özi öňünden çözýär. Bulardan başga-da, degişli ähli gozgalmaýan emläk bilen bagly resminamalar (desganyň gaty bilen bagly meýilnama, gurluşyk ýeriniň meýilnamasy, elektrik energiýa şahadatnamasy, adyny hasaba alyş resminamalary we ş.m.) (köplenç) eýýämden taýýar bolýar. Netijede, satuw ýa-da kärendesine bermek işi çalt we kynçylyksyz ýerine ýetirilýär (amala aşyrylýar).

5 Gozgalmaýan emläk tapmak

Isleg bildirýän satyn alyjylary ýa-da kärendesine alyjylary satyjylar ýa-da ýer eýeleri bilen mümkingadar tiz we netijeli birikdirmek üçin adatça muňa ulgamlaýyn hem-de professional derejede çemeleşmek zerur.

gozgalmaýan emläk satyjy agentler bilen isleg bildirýän taraplary gözläp tapmaga gönükdirilen çemeleşme (proses) şu ýerde tamamlanýar. Satyn ýa-da kärendesine alyja aýratynlyklary hödürlemegiň ýerine, islege görä gozgalmaýan emläkleri tapyjy portalyň kömegi bilen, potensial satyn ýa-da kärendesine alyjylar derejelendirilip (gözleg profili), gozgalmaýan emläkleri satyjy agentler tarapyndan hödürlenýän aýratynlyklar bilen deňeşdirilip birikdirilýär.

Ilki bilen (birinji ädimde), potensial satyn alyjylar ýa-da kärendesine alyjylar gozgalmaýan emläk tapyjy portalda ýörite gözleg profilini döredýärler. Bu gözleg profili takmynan 20 aýratynlykdan ybarat bolýar. Aşakdaky aýratynlyklar goşulyp bilner (doly sanaw däl) (doly däl sanaw) we olar gözleg profili üçin ähmiýetlidir.

- Welaýat/Poçta kody/Şäher
- Obýektiň görnüşi
- Emlägi ölçegi
- Ýaşaýyş meýdany
- Satlyk / kärende bahasy
- Gurlan ýyly
- Näçe gat
- Otaglaryň sany
- Kärendesine berlen (hawa/ýok)
- Ýerzemin (bar/ýok)
- Balkon/eýwan (bar/ýok)
- Ýyladylyş (ýyladyş) usuly
- Awtoulag duralgasy (bar/ýok)

Bu ýerde (Bu ýerdäki ähmiýetlilik) aýratynlyklary el bilen girizmeli däl-de, berlen sanawdan (emlägiň görnüşi üçin: jaý, bir maşgala üçin öý, ammar, ofis we ş.m.) degişli ugurlary (ýagny, emlägiň görnüşi) basyp saýlamaly.

Isleg bildirýän taraplar isleseler goşmaça gözleg profilini döredip bilerler. Gözleg profilini üýtgedip bolýar (üytgetmek hem mümkindir).

Mundan başga-da, potensial satyn alyjylar ýa-da kärendesine alyjylar bellenen ýerlerde doly habarlaşmak üçin maglumatlaryny ýazýarlar. Bular familiýa, at, köçe, öý belgisi, poçta kody, şäher, telefon we elektron poçta salgylaryndan ybarat.

Bu kontekstde, isleg bildirýän taraplar özleri bilen habarlaşmaga we gozgalmaýan emläk satyjy agentlerden öz isleglerine gabat gelýän

aýratynlary (emläkleri) kabul etmäge razylyk
berýärler.

Bu ýerde isleg bildirýän taraplar gozgalmaýan
emläk tapyjy portalyň operatory bilen hem
aragatnaşyga (ylalaşyga) geçýär.

Indiki ädimde, gözleg profilleri ulgamdaky
gozgalmaýan emläk satyjy agentlere elýeterli
edilýär, ýöne entek goşmaça programmalaryň
interfeýsinde(api) görünmeýär - meselem,
"openimmo" ýaly nemes goşmaça programma
interfeýsler. Şu ýerde bu programma interfeýsiniň
- esasan amala aşyrmak üçin möhüm - häzirki
wagtda ulanyşdaky ähli gozgalmaýan emläk
programmalaryň hemmesine gözleg profilini
geçirmekligi üpjün etmelidigini we kepil
geçmelidigini belläp geçmeli. Eger-de beýle
ýagdaý ýok bolsa, bu tehnologiýa arkaly mümkin
bolmaly. Sebäbi eýýäm ýokarda agzalan

17

"openimmo" ýaly birnäçe ulanyşda bolan programma interfeýsleri bar, (we şol bir wagtyň özünde başgalary-da,) munda gözleg profilini geçirme mümkinçiligi bolmaly.

Indi gozgalmaýan emläk satyjy agentler häzirki wagtda bazarda bar bolan emläkleriň aýratynlary bilen profili deňeşdirýär. Munuň üçin, emlägiň aýratynlyklary gozgalmaýan emläk tapyjy portala ýüklenýär we degişli häsiýetdäki aýratynlyklar bilen deňeşdirilip birikdirilýär.

Deňeşdirme tamamlanandan soňra, gabat gelýän (emläkleriň) aýratynlyklarynyň göterimini görkezýän hasabat döredilýär. Bu hasabat 50% gabat gelýän aýratynlyklardan başlap, gözleg profili gozgalmaýan emläk agentliginiň programmasynda görünýär.

Deňeşdirme tamamlandan (soňra gabat) gelýän aýratynlyklaryň göterimi çykarylar ýaly aýratynlyklar indiwidual ýagdaýda bir-biri bilen garşylaşdyrylýar (bal ulgamy boýunça). Mysal üçin, "emlägiň görnüşi" aýratynlygyň göterimi "ýaşaýyş ýeri" aýratynlygyndan ýokary bolýar. Mundan başga-da, belli aýratynlyklar (ýagny, ýerzemin) emläkde hökman bolmaly aýratynlyk hökmünde saýlanyp bilner.

Gabat gelýän aýratynlyklar deňeşdirilýän wagty, gozgalmaýan emläkleri satyjy agentleriň diňe islän (rezerw edilen) raýonlaryny görmäge ygtyýarly bolmaklary guralmalydyr. Bu maglumatlary deňeşdirmegiň işini (zähmetini) azaldýar. Köplenç (esasan hem) raýonlara görä işleýän gozgalmaýan emläk agentliklerini göz öňünde tutanda (tutulanda) bu örän wajyp. Bu ýerde bulut çözgütleriniň kömegi bilen (arkaly) indi (häzirki wagtda) uly göwrümli maglumatlary saklap (saklamaklyk) hem-de işläp (işlemeklik) bolýar (mümkin).

Professional gozgalmaýan emläk dellalçylygyny ýola goýmak (kepil geçmeklik) üçin diňe gozgalmaýan emläk satýan agentler gözleg profilini görmäge ygtyýary bar.

Bu maksat üçin gozgalmaýan emläk satýan agentler gozgalmaaýn emläk tapyjy portalyň operatory bilen şertnama baglaşýar.

Degişli deňeşdirme/gabat getirme tamamlanandan soňra, gozgalmaýan emläk satýan agent isleg bildirýän bilen we (ýa-da tersine) isleg bildirýän taraplar agentler bilen habarlaşyp bilýärler. (Egerde) Gozgalmaýan emläk satýan agent potensial satyn alyja ýa-da kärendesine alyja hasabat ugradan bolsa, bu satuw ýa-da kärende şowly bolan ýagdaýynda işiň netijesi barada hasabatyň ýa-da agentiň gozgalmaýan emläk satuw boýunça komission tölegleriň resminamalaşdyrylandygyny aňladýa.

Gozgalmaýan emläk satýan agent emlägiň eýesi tarapyndan emlägiň ýerlenmegi üçin hakyna tutulmagy ýa-da emlägi hödürlemäge razylyk berilmegi belli şertlere laýyklykda amala aşyrylýar.

6 Programmanyň hereket edýän çägi

Şu ýerde beýan edilen gozgalmaýan emläk tapmak işi ýaşaýýş we täjirçilik pudagynda satyn almak ýa-da kärendesine almak üçin degişlidir. Täçirjilik maksatly gozgalmaýan emläk üçin degişli goşmaça aýratynlyklar zerur.

Potensial satyn alyjylaryň we kärendesine alyjylaryň tarapynda hem gozgalmaýan emläk satýan agentler bolup biler, tejribede bu köp edilýär, meselem, agentlere müşderiler tarapyndan ygtyýar berlen bolsa.

Geografiki taýdan, gozgalmaýan emläk tapyjy portal hemme ýurtda diýen ýaly hereket edýär.

7 Artykmaçlyklar

Bu gozgalmaýan emläk tapmak prosesi potensial satyn alyjylara we kärendesine alyjylara öz ýaşaýan ýerlerindenmi ýa-da iş bilen baglanyşykly sebäpli başga şäherden ýa-da welaýatdan emläk gözlemek ýaly birnäçe artykmaçlyklary hödürleýär.

Olar saýlanan ýerde hereket edýän gozgalmaýan emläk satýan agentlerden öz isleglerine gabat gelýän emläkleriň aýratynlyklary barada maglumaty almak üçin diňe bir gezek gözleg profilini girizmek gerek.

Gozgalmaýan emläk satýan agentler üçin bu portal emlägi satmak ýa-da kärendesine bermegiň iň ygtybarly hem tiz ýoly bolup durýar.

Olar özleriniň hödürlän emläklerine isleg bildirýän taraplaryň potensialynyň nä dereje ýokarydygyny şol bada görüp bilýärler.

Mundan başga-da, gozgalmaýan emläk satýan agentler gözleg profillerini döredenlerinde arzuw edýän emlägi barada anyk maglumat beren isleg bildirýänleriň topary bilen gönümel aragatnaşyga geçip bilýär. Habarlaşma amala aşyrylyp bilner. Mysal üçin, gozgalmaýan emläkleriň hasabatlaryny ugratmak bilen habarlaşylyp bilner. Bu özüne gerekli zatlary bilýän gyzyklanýan taraplar bilen ynanylan adamlaryň hilini ýokarlandyrýar. Bu mundan başga-da soňky emläkleriň görülmeginiň bellemeleriniň sanyny azaldýar we bu öz gezeginde umumy emläkleriň dellalçylygynyň söwda dowamlylygyny azaldýar.

Mümkin alyjy ýa-da kireýne alyjy goýuljak emlägi göreninden soňra adaty gozgalmaýan söwdasyna laýyklykda söwda şertnamasy ýa-da kärendesine almak jemlenip (netijelenip) bilner.

8 Nusganyň hasaplamalalary (Mümkin) - diňe eýesi - degişli emläkler we jaýlar (kärendesine alnan jaýlar ýa-da öýler ýa-da söwda gozgalmaýan emläkleri degişli däl)

Aşakdaky görkezilen mysalda islege görä gozgalmaýan emläkleri tapyjy innowasion portalynyň mümkin bahasy aýdyň görkeziler.

250,000 ýaşaýjysy bolan geografiki meýdanda mysal üçin Mönhengladbah (Germaniýa) şäherinde - statistiki görnüşde umumylaşdyrylan maglumat - takmynan 125,000 ýaşaýjy bar (her ýaşaýjy üçin 2 sany gozgalmaýan emläk). Göçmäniň ortaça möçberi takmynan 10% göterim. Bu diýmek her ýylda 12,500 ýaşaýjy göçýär diýmekdir. Mönhengladbahdan göçüp gelen we göçüp giden möçberi hasana alnan däldir. Takmynan 10,000 ýaşaýjy (80%)

kärendesine alynýan emläkleri gözleýär we takmynan 2,500 ýaşaýjy (20%) emlägini satmak boýunça alyjy gözleýär.

Mönhengladbah şäheriniň maglumat beriji komitetiniň emläkleriň söwda hasabatlaryna laýyklykda, 2012-nji ýylda 2,613 sany gozgalmaýan emlägiň söwdasy bolupdyr. Bu ýokarda görkezilen 2,500 mümkin alyjynyň sanyny tassyklaýar. Bu görkeziji mundan köp hem bolup bilerdi, emma her mümkin alyjy özüniň isleýän emlägini tapyp bilmeýär. Mümkin alyjylaryň hakyky sany - ýa-da gözleg profilleriniň sany - ortaça göçme möçberiniň takmynan 10% göterim ýokary bolşy ýaly iki köp esse köp ýagny 25,000 sany gözleg profili diýip hasaplanylýar. Gozgalmaýan emläkleri tapyjy innowasion portalda mümkin alyjylaryň köp gözleg profillerini ýerine ýetirendiginiň mümkinçiligini öz içine alýar.

26

Tejribä laýyklykda, mümkin alyjjylaryň we kärendesine alyjjylaryň takmynan ýarysy özleriniň emläklerini 6,520 hojalygy goşmak bilen gozgalmaýan emläkleriň agentleri bilen iş alyp barmagy netijesinde tapandygyny bellemek hem zerurdyr. Ozalky tejribelere laýyklykda, ýaşaýjylaryň iň azyndan 70% göterimi gozgalmaýan emläkleri Internet portaly arkaly gözläpdir. Bu hem 8,750 hojalygy (17,500 gözleg profiline degişli) aňladýar.

Eger mümkin alyjjylaryň we satyjylaryň 30% göterimi ýagny 3,750 ýaşaýjy (ýa-da 7,500 gözleg profili) Mönhengladbah şäheriniň gozgalmaýan emläkleri tapyjy innowasion portalynda goýlupdyr. Degişli gozgalmaýan emläk satyjy agentleri mümkin alyjjylara 1,500 aýratyn gözleg profilleri (20%) arkaly we mümkin kärendesine alyjylara 6,000 aýratyn gözleg profillerini (80%) hödürläp bilipdirler.

Bu hem ortaça gözlegiň dowamlygy 10 aý we her aýda her bir gözleg profili üçin adaty 50 EUR möçberinde pul mümkin alyjy ýa-da kärendesine alyjydan alynýar. 250,000 ýaşaýjysy bolan şäheriň 7,500 gözleg profili üçin ýylda 3,750,000 EUR mümkin söwda bar.

Bulardan başga Germaniýanyň 80,000,000 (80 million) ýaşaýjy bar we bu ýylda 1,200,000,000 (1.2 milliard EUR) mümkin söwda bolýar. Eger mümkin alyjylaryň we satyjylaryň 30% göterimiň deregine 40% göterimi gozgalmaýan emläkleri tapyjy innowasion portalynda gözlese, onda mümkin söwda 1,600,000,000 (1.6 milliard EUR) möçberine çenli ýokarlanar.

Mümkin söwdalar diňe eýesine degişli jaýlara we öýlere degişlidir (salgylanýar). ýaşaýjylaryň gozgalmaýan emläk ulgamyndaky we ähli söwda gozgalmaýan emläklerindäki kärendesine almak we maýa-goýum emläkleri bu mümkin hasaplama goşulan däldir.

Germaniýada gozgalmaýan emlägiň dellalçylyk işindäki takmynan 50,000 kärhana bilen (gozgalmaýa emläk agentleri, gurluşyk kärhanalary, gozgalmaýan emläk söwdagärleri we beýleki gozgalmaýan emläk kärhanalary degişlidir) takmynan 200,000 işgär we ortaça 2 ygtyýarnama bilen (bilelikde) gozgalmaýan emläkleri tapyjy innowasion portalynda 50,000 kärhananyň 20% göteriminiň paýy (aýda her bir ygtyýarnama üçin 300 EUR möçberinde pul kesgitlemek bilen) bilen bilelikde her ýylda mümkin söwdanyň möçberi 72,000,000 EUR (72 million EUR) bolýar. Mundan başga-da eger-de dizaýna laýyklykda ýerli gözleg profiliniň sebitara sargyt edilmegi girizilse, onda mümkin söwda möçberine (ýene-de) täsir döräp biler.

Aýratyn gözleg profilli köp möçberde mümkin alyjylar we kärendesine alyjylar gozgalmaýan emläkleriň agentleri özleriniň maglumat bazasynyň täzeläp durmak hökman däldir. Goşmaça aýdanymyzda, häzirki gözleg profilleriniň sany gozgalmaýan emläk satyjy agentleriniň maglumat bazasynda gurnalan gözleg profillerinden artýandygyny görünýär.

Bu gozgalmaýan emläkleri tapyjy innowasion portaly käbir ýurtlarda ulanylýar. Mysal üçin Germaniýadaky alyjylar Ortaýer deňiziniň Maýorka (Ispaniýa) adasynda dynç-alyş jaýlary üçin gözleg profilini döredip bilýär we Maýorkadaky degişli gozgalmaýan emläk satyjy agentleri özleriniň Germaniýadaky mümkin müşderilerine özleriň degişli jaýlaryny elektron poçta arkaly hödürläp bilýärler. Eger-de hasabatlar Ispan dilinde bolsa mümkin kärendesine alyjylar häzirki günlerimizde

Internetde gurnalan terjimeçilik programmalary arkaly aňsatlyk bilen Nemes diline terjime edip bilerler.

Gözleg profilleriniň el ýeterli emläklere dil böwetleri bolmazdan gabat gelmegini üpjün etmek üçin gozgalmaýan emläkleri tapyjy innowasion portalynda programmalaşdyrylan (matematiki) aýratynlyklar we degişli dil ahyrynda kesgitlenen bolmalydyr.

Gozgalmaýan emläkleri tapyjy innowasion portalyny ähli sebitlerde ulanylan ýagdaýynda, öňki görkezilen mümkin söwdalar (gözleg bilen gyzyklananlar üçin) iň sada görnüşde görkezilendir.

Dünýäniň ilaty:
7,500,000,000 (7,5 milliard) ýaşaýjy

1. Ösen we has ösen döwletlerdäki ilatyň sany:

   2,000,000,000 (2,0 milliard) ýaşaýjy

2. Ykdysady taýdan ösýän döwletlerde:

   4,000,000,000 (4,0 milliard) ýaşaýjy

3. Ösüp gelýän döwletlerde:

   1,500,000,000 (1,5 milliard) ýaşaýjy

Germaniýa üçin ýyllyk mümkin söwdalary üýtgedilýär we 80 million ilaty bilen ösen, ykdysady taýdan ösýän döwletler we ösüp gelýän döwletler üçin aýratynlyk arkaly 1.2 milliard EUR möçberinde hasaplanylýar.

1. Senagat taýdan ösen ýurtlar: 1,0
2. Ykdysady geçiş amala aşyrýan ýurtlar: 0,4
3. Ösen ýurtlar: 0,1

Ýyllyk mümkin söwdanyň netijesi (1.2 milliard EUR x ilat (ösen, ykdysady taýdan ösýän ýa-da ösüp gelýän döwlet)/80 million ýaşaýjy x aýratynlyk).

1. Senagat taýdan ösen
   ýurtlar: 30.00 milliard EUR

2. Ykdysady geçiş amala aşyrýan ýurtlar
   ýurtlar: 24.00 milliard EUR

3. Ösýän ýurtlar
   ýurtlar: 2.25 milliard EUR

Jemi: **56.25 milliard EUR**

9. Netije

Ýokarda görkezilen gozgalmaýan emläkleri tapyjy innowasion portaly gozgalmaýan emlägi gözlemekde (gyzyklanýan taraplar üçin) we gozgalmaýan emläk satyjy agentleri üçin möhüm mümkinçilikleri hödürleýär.

1. Gyzyklanýan taraplar üçin gabat gelýän emlägi gözlemek boýunça gerekli wagt köp möçberde azaldylýar. Sebäbi olar diňe bir gezek özleriniň profilini döretmek gereklidir.

2. Gozgalmaýan emläk satyjy agentleri mümkin alyjylaryň ýa-da kärendesine alyjylaryň sanynyň umumy sanyny bilip bilýärler. Muňa olaryň gerekli maglumatlary (gözleg profili) degişlidir.

3. Gyzyklanýan taraplar islenilýän ýa-da gabat gelýän aýratynlyklary (gözleg profiline laýyklykda) ähli gozgalmaýan

emläk satyjy agentlerinden (awtomatik görnüşde öňünden saýlama) kabul edip bilerler.

4. Gozgalmaýan emläk satyjy agentleri özleriniň gözleg profiliniň maglumat bazasyny dolandyrmak boýunça işlerini azaldyp bilýär. Sebäbi köp möçberdäki gözleg profilleri hemişelik elýeterlidir.

5. Diňe söwda üpjün edijileri/gozgalmaýan emläk satyjy emläkleri gozgalmaýan emläkleri tapyjy innowasion portalyna birikdirileninden bäri mümkin alyjylar ýa-da kärendesine alyjylar tejribeli gozgalmaýan emläk satyjy agentleri bilen iş alyp (salyşyp) bilerler.

6. Gozgalmaýan emläk satyjy agentleri görülýän bellemeleriň we umumy söwda dowamlylygyny azaldyp bilýärler. Görülýän bellemeleriň we umumy söwda dowamlylygyny azaldylmagy söwda

35

şertnamasyna ýa-da kärendesine almak üçin oňaýlydyr.

7. Emläkleriň eýesi wagtlary tygşytlap emläklerini satyp ýa-da kärendesine berip biler. Munda başga-da maliýe taýdan peýdalar bardyr. Ýagny emläkleriň kärendesine almakda az boş wagt sarp etmek we emläkleriň çalt satylmagyna ýa-da kärendesine bermeklige ýardam berýär.

Muny gozgalmaýan emlägi tapmakda gurnamaklyk gozgalmaýan emläk dellalçylyk işinde uly öňe gidişliklere eltip biler.

10 Gozgalmaýan emläkleri tapyjy innowasion portalyny Täze gozgalmaýan emläk satyjy Agentliginiň Programmasynyň düzümine girizmek, Gozgalmaýan emläk Bahalandyrmalaryny hem girizmek bilen

Jemläp aýdanymyzda, Gozgalmaýan emläkleri tapyjy innowasion portaly bu ýerde başdan gozgalmaýan emläk satyjy agentligi üçin täze - elýeterli möhüm bölek bolup durýar. Bu hem gozgalmaýan emläk satyjy agentleriniň Gozgalmaýan emläkleri tapyjy innowasion portaly özleriniň bar bolan gozgalmaýan emläk satyjy agentlik programmalaryna çözgüt ýa-da Gozgalmaýan emläkleri tapyjy innowasion portalyny düzümine girizmek bilen täze gozgalmaýan emläk satyjy agentlik programmasyny ulanmaklyk diýmegi aňladýar.

Tygşytly we täze gozgalmaýan emläkleri tapyjy innowasion portalyny gozgalmaýan emläk satyjy agentlik programmasynynyň düzümine girizmek gozgalmaýan emläk satyjy agentlik programmasynynyň söwda möçberine täsir etjek aýratyn söwda nokady bolup durar.

Gozgalmaýan emläk bahalandyrmalary gozgalmaýan emläk satyjy agentlikleriň möhüm bölegidir we (şeýle) bolup galar. Gozgalmaýan emläk satyjy programmasynda gozgalmaýan emläk bahalandyrma guraly girizilen bolmalydyr. Gozgalmaýan emläk bahalandyrmasy gozgalmaýan emläk satyjy agentliginiň girizen/ýadynda saklan aýratynlyklaryna degişli parametrlere degişli hasaplama ugury arkaly ulanyp biler. Munuň ýaly usulda gozgalmaýan emläk satyjy agenti ýetmeýän parametrleri özüniň sebitara söwda ekspertizalary (tejribeleri) bilen dolduryp biler.

Mundan başga-da, gozgalmaýan emläk satyjy agentligi gozgalmaýan emlägiň wirtual syýahat etme aýratynlyklaryny el ýeterli etmelidir. Bu öýjükli telefonlar we/ýa-da tabletlere ýazgy edip bilýän we ony soňra gozgalmaýan emlägiň wirtual syýahatyna öwürýän programmalary ornaşdyryp biler. Bu esasan awtomatiki görnüşde bolup, gozgalmaýan emläk satyjy agentliginiň programmasynyň düzümine girizilip bilner.

Eger-de tygşytly we innowasion gozgalmaýan emläkleri tapyjy portaly täze gozgalmaýan emläk satyjy agentlik programmasy bilen hyzmatdaş bolsa, onda mümkin söwdalaryň möçberi artyp biler.

Matias Fiedler
Korşenbroiç, 31/10/2016

Matias Fiedler
Erika-von-Brockdorff-Str. 19
41352 Korschenbroich
Germaniýa
www.matthiasfiedler.net

www.ingramcontent.com/pod-product-compliance
Lightning Source LLC
Chambersburg PA
CBHW071524210326
41597CB00018B/2882